「特別支援教育」のための
園や学校、家庭などでの
取り組み教材

心理学とセラピーから生まれた

発達促進ドリル①

手引き

―発達につまずきを持つ子のために―

編・著／湯汲 英史

（前早稲田大学 客員教授／言語聴覚士）

JN132467

発 行／すずき出版

発刊にあたって

はじめに ◇◇◇◇◇◇◇◇◇◇◇◇◇◇◇◇◇◇◇

「子どもの発達は拘束されている」といわれます。

歩くことも話すこともできずに生まれてきた赤ちゃんが、1歳を過ぎた頃から歩けたり、話せたりするようになります。運動の発達では、両足で跳べるのが2歳、スキップができるのが4歳となっています。ことばの面も、1歳は単語、2歳は二語文、3歳になると三語文をまねして言え、5〜6歳では文字の読み書きができるようになります。

例えばある子が"ぼくは歩くのは後でいいから、お絵描きが先に上手になりたい"と思っても、特別のことがない限りそれはできないようになっています。"自分の思うようには進めない、成長できない"だから「発達は拘束されている」と表現されます。

子どもの中には、自然に次々と進むはずの発達が、スムーズにいかない子がいます。遅れがちな子もいます。どうしてそうなのか、はっきりとした原因は分かっていません。

ただ、このような子たちへのさまざまな試みの中で、発達を促すために指導や教育が必要なことが分かってきました。そして、指導や教育が一定の効果をあげることも明らかになってきました。

この『発達促進ドリル』シリーズは、発達心理学、認知心理学などの知見をもとに作られました。特に、実際に発達につまずきを持つ子にとって有効な内容のものを選びました。

> ★1巻では…
>
> 本書『発達促進ドリル』は、発達にハンディキャップを持つ子にとって有効な内容の問題を10巻にわたって提示しています。
>
> そのドリルのスタートである1巻では、先生と子ども、あるいは保護者と子どもの1対1での指導を行うにあたり、"質問に対して答える"という《やりとり》に気づくことが目標となります。

目的 ◇◇◇◇◇◇◇◇◇◇◇◇◇◇◇◇◇◇◇

　このドリルは、子どものことば、認知、数、文字の読み書き、生活、社会性などの面での健やかな発達を求めて作られました。

特色 ◇◇◇◇◇◇◇◇◇◇◇◇◇◇◇◇◇◇◇

①「手引き」では、各問題を解説しました。"子どもの《発達の姿》" として、発達から見た意味を、"指導のポイント" では、子どもの状態を把握できるようにし、また教え方のヒントも示しました。

②内容によっては正答をまず示し、子どもが質問されている内容や答え方などを分かりやすくしました。また、ドリルの中には、ゆうぎ歌もあります。これは、子どもの興味や社会性を高めるために取り上げました。

③このドリルでは、ことば、認知、数、文字、生活、社会性などの領域の問題を取り上げました。ただそれぞれの領域の問題は、明確に独立したものばかりではありません。ことばと生活がいっしょなど、複数の領域にまたがる内容もあります。

　これは、子どもの暮らしそのものが、多様な領域が渾然一体となっていることからきています。

　例えば「洋服を着る」という場面を考えてみましょう。ある子にとってはこのときに、洋服の名前、着る枚数、洋服の色などとともに、用途や裾を入れるなどマナーも学んでいるかもしれません。つまり、子どもは大人のように領域ごとに分けて学ぶ訳ではないということです。

④このドリルは、1冊に12の課題が含まれています。今回のシリーズは10冊で構成されています。シリーズ合計では、120の課題で構成されています。

お願い　　まずは、子どもの取り組もうという気持ちを大切にしましょう。課題の順番に関係なく、子どもの興味や関心に合わせて、できるテーマから取り組んでください。

　子どもによっては、難しい問題があります。難しくてできないときには、時間をおいて再チャレンジしてください。

湯汲　英史
前早稲田大学 客員教授
公益社団法人 発達協会　常務理事
言語聴覚士／精神保健福祉士

① ことば（擬音語① 指さし）

みて さがそう①
「ぶーぶー」どれ？
「わんわん」どれ？

みて さがそう②
「ぶーぶー」どれ？
「にゃーにゃー」どれ？
「ごっくん」どれ？

みて さがそう③
「ぶーぶー」どれ？
「ごとんごとん」どれ？
「ごっくん」どれ？
「ぱちゃぱちゃ」どれ？

ことばかけのポイント

● 擬音のことばは、子どもの注意を引きつけます。

● 絵をさしながら二語文程度、「ぶーぶー、どれ？」と声に出します。

　例えば、「"ぶーぶー"はタイヤがあってね、みんなを乗せてくれるんだよ」「"わんわん"はかわいいね、前のおうちにもいるね」といった説明をしがちです。しかし、ことばを覚え始めた子どもの場合、たくさんのことばを使うと、ことばが聞き取れなかったり、意味を取り違えたりすることがあります。簡潔に話しかけましょう。

● 「ぶーぶー、ごとんごとん、わんわん」など、擬音を言うときには、はっきりと発音しましょう。

　ただし声量にはご注意。子どもの中には、大きな声にびっくりしてしまい、話しかけられることを怖がるようになる子がいます。強く激しい動作も同じです。子どもの表情を見ながら怖がっていないかどうかを確認しましょう。

子どもの《発達の姿》

　赤ちゃんは、さまざまな音を自分で出しながら、ことばが言えるようになるための練習をします。大人が赤ちゃんの音をまねして言うと、喜ぶ姿も見られます。大人の出す音を聞きながら、音を聞き分けることができるようになっていくのでしょう。大人はまずは単語名ではなく、子どもの注意を引き、きっと聞き取りやすいであろう、2つの音を重ねたり、強調したりする擬音を使って話しかけましょう。子どもの注意を引くよう、表情を込めながら話しかけてみます。

指さしは、子どもが何かを知っていることを示すサインです。ことばよりも先に、何かを発見したときに、しばしば興奮した表情をともなって出てきます。

「ぽっとん落とし」

指導のポイント

★絵を見ようとしない子

　絵を見ようとしない子どもには、身の回りのことのほか、「ぽっとん落とし」「ビーズはずし」などに取り組ませ、手元を見なくてはできないように仕向けます。

★指さしができない子

　指さしができない子どもには以下のような子どもたちがいます。

①まねができない

　手を上げる、"ちょうだい"のサインをする、手を叩くなどからチャレンジします。

②指さしの形がちゃんと作れない（指さしでなく、手ざしになる）

　人さし指だけが立つよう、中指、薬指、小指の3本の指で包み込むように消しゴムなどを持たせます。

③指さしをしても、さされた先を見ない

　「ぽっとん落とし」「ビーズはずし」「ビーズ通し」などの際に、指さしたものや場所を選ぶように教えます。そうやって、指の先の物をいっしょに見るという、指さしの役割を教えます。

② ことば（からだの部位①）

まねっこしよう①
「まねっこしてね」
♪ちょち ちょち あわわ♪

まねっこしよう②
「まねっこしてね」
♪ひげじいさん♪

まねっこしよう③
「まねっこしてね」
♪あたま かた ひざ ポン♪

ことばかけのポイント

● 「まねっこしてね」と言います。
● うまくまねられず、そのことを子どもに教えたいときには、「あたまだよ」「ばんざい」というように、単語で伝えます。
● うまくできないときには、部分部分で練習をして、動きを自分で作れるようにします。
● 上手にできたときには、「じょうず！」とほめてあげましょう。

子どもの《発達の姿》

「ちょち ちょち あわわ」の動作を分解すると以下のようになります。
(1)手を叩く、(2)手を口に持っていく、(3)手が正中線（からだの真ん中）を越える、(4)両手が触れないように回転させる、(5)人さし指を立てる、(6)両手を頭にやる、(7)両手でばんざいする。

これらの動作は、1歳前後から獲得されていく動きです。このような動作の発達には、神経の成熟が密接に関係しているとされます。「ちょち ちょち あわわ」を喜ぶのは、おおむね1～2歳です。5～6歳になれば、小さい子どもをあやすとき以外に歌う子どもはいないでしょう。子どもが喜ぶゆうぎ歌の動作は、成長に合わせて変化していきます。ゆうぎ歌には、子どもの興味を引きながら子どもの成長を促す働きがあるといえます。

ここであげた3つのゆうぎ歌は、子どもがまねをし出す頃に喜ぶものです。これらは、基本的な動作を教え、自分のからだの部位について気づかせてくれます。

指導のポイント

★まねしようとしない子

例えば、子どもを相手とする手話では、子どもだからといって大きな動作はしません。それは、子どもの視野はある程度決まっていて、その範囲を越えると見えない可能性があるからです。視野はおおむね、手に持って読む絵本の大きさとされます。そこで、大人は視野を意識しながら、動作を見せる必要があります。

逆に大きな動作、例えば、足を踏み鳴らすなどは、からだの動きを子どもから自然に引き出す可能性があります。試してみましょう。

★見ているけれども、まねしない子

できれば手本になる人（あるいは子ども）が前にいて、子どもの後ろから介助する人もいて、介助者が手を添えて子どもを動かしてあげます。

自分のからだの動かし方がよく分かっていない子もいます。いっしょに歩く、すべり台やジャングルジムに挑戦させるなど、体を動かす機会を作りましょう。

★まねが続かない子

集中の持続時間が短い子どもがいます。そういう子どもの場合は、その子どもの持続時間よりも少し長い時間、取り組んでみましょう。少しでも持続時間を長くするためです。

③ ことば（物の名前①）

どれかな？①
「ひこうき」どれ？
「いぬ」どれ？

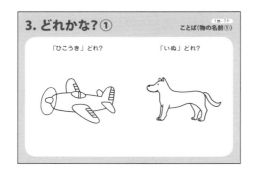

どれかな？②
「ひこうき」どれ？
「くるま」どれ？
「ボール」どれ？

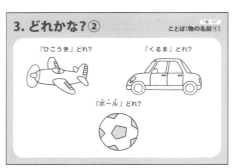

どれかな？③
「ひこうき」どれ？
「いす」どれ？
「ボール」どれ？
「りんご」どれ？

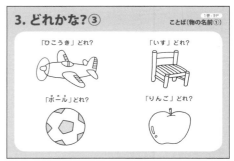

ことばかけのポイント

● 「～どれ？」と聞きます。（この聞き方で指さしができる子は、この聞き方をします）
● 「ぶーん（飛行機の音）どれ？」「わんわん どれ？」というように、擬音にすると分かる子もいます。
● 「ひこうき、ぶーん どれかな？」と聞いて、「ひこうき」ということばも聞かせるようにします。
● ことばだけでは分からない子には、犬のぬいぐるみを見せ「わんわんは どれ？」と聞きます。

子どもの《発達の姿》

　ことばの発達には、"理解"と"表現"の２つの面があります。ことばは、表現よりも理解が先に発達するとされます。

　"理解"についてですが、子どもは大人の言う特定の音（大人からすれば擬音やことば）を聞きながら、それが何をさしているのかを考えます。例えば、大人が両手を叩きながら「パチパチ」と言ったとします。大人が動作と発声を繰り返すうちに、子どもは音と動きが結びついていきます。そして「パチパチ」という音を聞いて両手を叩くようになります。ことばというよりも、音による「合図」の段階です。次に、音が特定のものをさすことが分かってきます。

　この時期の子どもは、知っている物などがあると、手を伸ばして指さし（手ざし）て、うれしそうに「あっ、あっ」という声を出したりします。

指導のポイント

★ことばと絵が結びつかない子

　"理解"が先行するのが、ことばの発達です。そこで、"表現"よりもじっくりと理解力を蓄えたいものです。絵は実物ではありません。実物に含まれている要素を強調したり、描かなかったりします。抽象度が高いですから、まずは実物で名前を教えます。

　例えば、コップを前にして「コップね」と言いながら"ちょうだい"のしぐさをします。そうやって、実物で物の名前を教えていきます。それができてから、絵を見て選ぶことができるようになります。

★ひとつを選べない子

　子どものなかには、自分の思い通りにからだを動かせない子がいます。そんな子どもの視線を見ていると、２つのものを見比べてはいるようです。

　ところが、指さしはできなかったりします。それは、肩やひじ、手首の関節を上手に動かし、ポインティングするのが難しいのかもしれません。そういう子の場合は、例えば、手首を持ってあげ、指だけを動かしてポインティングできるようにしてあげ、スムーズに動けないところを援助します。

★絵を見ない子（P.3「指導のポイント」をご覧ください）

★指さしができない子（P.3「指導のポイント」をご覧ください）

④ ことば（からだの部位②）

どこかな？①
「はな」どこ？
「め」どこ？

どこかな？②
「あたま」どこ？
「くち」どこ？

どこかな？③
「あたま」どこ？
「あし」どこ？
「て」どこ？

4. どこかな？① 　ことば（からだの部位②）　1巻-10P
「はな」どこ？
「め」どこ？

4. どこかな？② 　ことば（からだの部位②）　1巻-11P
「あたま」どこ？
「くち」どこ？

4. どこかな？③ 　ことば（からだの部位②）　1巻-12P
「あたま」どこ？
「あし」どこ？
「て」どこ？

🧸 ことばかけのポイント

● 「(お)はなは どこ？」と聞きます。

●ことばだけでは分からない子には、大人の鼻を触らせて、「(お) はなは どこ？」と聞きます。

●絵では分かりにくい子には、人形を使って聞いてもよいでしょう。

子どもの《発達の姿》

　からだの部位の名前を知ることで、自分の痛い部位を伝えることができます。また、例えば「あたま、ごちんするよ、あぶないよ」というように、危険を避けることを教える際にも、部位の名前を知っていることが必要です。合わせて、「手を振って」「足をまっすぐ」など、運動を教えるときにも、からだの部位が分かっていればスムーズに進むことでしょう。

　からだの部位について、子どもは一度で分かるようになるのではありません。おおむね、以下の４つのかたまりに分かれて、理解が進みます。
　1. 目に見えて触れる部位：鼻、口、目、髪の毛、手、足など
　2. ふだんは見えない部位：おなか、おしり、背中、歯など
　3. 境界があいまいな部位：胸、腰、ひじ、わきの下など
　4. まったく見えない部位（臓器）：心臓、胃、肺など
1〜4までが分かるようになるのに、通常の発達では1歳から6〜7歳までかかります。

指導のポイント

★からだを見ない子

　鏡を前にして、自分のからだを見せます。そのときに、「おはなは、ここ」とさしたり、印象づけるためにシール（かぶれないもの）を鼻にはったりします。

　例えば「手」を教えるときには、手袋をしたり脱がせたりしながら、その部位を見なくてはいけないような工夫をします。

★毎回、違った部位を指さしする子

　からだの部位を聞かれているのは分かっているので、その点は評価します。

　"子どもの《発達の姿》"でも述べましたが、からだの部位は子どもにとって平等に、いっせいに分かるようになるものではありません。部位によって難易度があります。子どもの理解に合わせて、ゆっくりと着実に教えていきましょう。

⑤ ことば（異同弁別ほか：おなじ）

おなじの どれ？ ①
「おなじの どれ？」

おなじの どれ？ ②
「おなじの どれ？」

おなじの どれ？ ③
「おなじの どれ？」

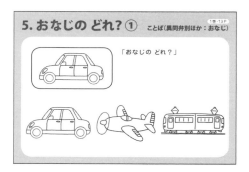

5. おなじの どれ？ ① ことば（異同弁別ほか：おなじ） 1巻-13P
「おなじの どれ？」

5. おなじの どれ？ ② ことば（異同弁別ほか：おなじ） 1巻-14P
「おなじの どれ？」

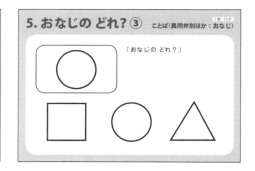

5. おなじの どれ？ ③ ことば（異同弁別ほか：おなじ） 1巻-15P
「おなじの どれ？」

ことばかけのポイント

● 「おなじの どれ？」と聞きます。
● 絵では分かりにくい場合には、人形などを使って質問しましょう。

子どもの《発達の姿》

　「おなじ」が分かる、これをマッチングと言います。
　同じもの同士をまとめようとするのは、この次の段階である「概念化」への第一歩です。
　概念化とは、「食べ物」「乗り物」など、実際には存在しないことばが分かるようになることです。

指導のポイント

★「おなじ」が分からない子

　「おなじ」が分からない子には、実物（お皿やスプーン、食べ物など）や絵カードなどを使って、同じものを集めたり、重ねたりさせます。

★「ちがう」が分からない子

　「おなじ」と「ちがう」は、同時期に分かるようになるのではなく、まずは「おなじ」が理解されます。
　「おなじ」がしっかりと分かって、その後に「ちがう」物などが分かってきます。そこで、「おなじ」を教えながら「これ、ちがうね」というように「ちがう」ということばを伝えていくことが大切です。
　例えば「すき」ということばですが、大人は子どもに話しかける際に、1歳前後から「すき」ということばを使います。ところが、実際に子どもが自分で「すき」を使い出すのは3歳前後からです。大人が語りかけてから2年間、きっとこの時間は、子どもの心を耕すのに必要なのかもしれません。そして、長い時間をかけて耕してもらい、子どもは「すき」とはどういうことかをしっかりと血肉化して理解するのでしょう。

6 数（大小比較①）

どっちかな？①
「おとうさんの くつ、～ちゃんの くつ
おおきいの どっち？」

どっちかな？②
「おかあさんの て、～ちゃんの て
ちいさいの どっち？」

どっちかな？③
「おさら、おおきいのは どっち？」
「まる、ちいさいのは どっち？」

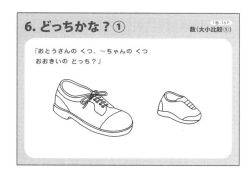

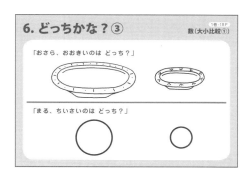

ことばかけのポイント

● 「お父さんの くつ」「～ちゃんの くつ」というときに、2つの靴を区切るように、間合いを少し取ります。

● 「お父さんの くつね」と絵をさしながら言い、ことばの意味するものを明確にします。

● 絵を選ぶことができてしゃべられる子の場合には、「大きいね」や「大きい くつね」などと、ことばをまねして言わせましょう。

子どもの《発達の姿》

人間の思考法ですが、「大きい―小さい」「高い―低い」など反対概念（対概念）で物事をとらえる（はかる）点に、特徴があるとされます。

さて子どもたちの反対概念の理解ですが、物の名前やマッチングが分かり、次に、例えば「大きいのは どっち？」と質問されて、正しく指さしができるようになってきます。反対概念が理解されるということは、複数の事物のなかから「どれがいいか」など、比較検討し選択するための視点が獲得されるということになります。

まずは、身近な物（大人と子どもの手、食器などでの大小の区別）を題材に、比較を楽しむことから始めましょう。

なお、この反対概念ですが、大小からさまざまな対概念を獲得していくのですが、これも一度に分かるようにはなりません。難易度は、内容ばかりでなく、質問の仕方などによっても表れます。知能テストなどの項目を、参考までに紹介します。

1. 見ながら比較できるもの…大小・高低
2. 知識などをもとに判断するもの…からい―甘い、男―女、暑い―寒い、美しい―醜い
3. 想像して判断するもの…「野原は明るい―森の中は暗い」「ゾウは重い―ネズミは軽い」など。

指導のポイント

★「どっち」が分からない子

比較することが難しい子がいます。例えば知的障害があると、反対概念をもとに物事を比較検討することが難しいとされています。逆にいえば、そのことをていねいに教え反対概念で物事をとらえられるようになれば、障害が軽減したといえます。

実物などを使って、意識的に繰り返し教えていきたいものです。ただ、前に述べましたが反対概念も内容などによって難易があります。子どもは、長い時間をかけて段階的に分かっていくことを忘れないようにしてください。

★おせんべいなど、実物だと大小が分かる子

「大きいのは どっち？」とことばで質問されて、指さしなどで答えを示せるようになるずっと前から、目で見たときの大小は分かっているとされます。それがことばで理解できるようになるまでには、子ども自身の繰り返しの体験が必要なのかもしれません。

⑦ ことば（文作り：二語文理解①）

お話、聞かせましょう①
「コップね」「ボールね」「くるまね」

お話、聞かせましょう②
「でんしゃ くるね」

お話、聞かせましょう③
「りんご たべるね」

7. お話、聞かせましょう① ことば（文作り：二語文理解①） 1巻-19P
「コップね」 「ボールね」 「くるまね」

7. お話、聞かせましょう② ことば（文作り：二語文理解①） 1巻-20P
「でんしゃ くるね」

7. お話、聞かせましょう③ ことば（文作り：二語文理解①） 1巻-21P
「りんご たべるね」

ことばかけのポイント

●お話を聞かせるような気持ちで、気持ちを込めながら語りかけましょう。
●ことばをまねできる場合には、ほかの場面でも、物や動作とことばを結びつけるように語りかけましょう。

子どもの《発達の姿》

「でんしゃ」や「ごはん」と、「でんしゃ きた」や「くつ はく」は本質的に違うことばです。

「でんしゃ」「ごはん」は物の名前であり、命名行為といえます。一方、「でんしゃ きた」や「くつ はく」には、他者への意識があり、語りかけがあります。

このような叙述や宣言の文のほかにも、「こっち いい?」という確認、「ジュース のんだ」という報告の文などがあります。

二語文は本質的に、他者とコミュニケーションしたいという気持ちをベースに発生すると考えられます。

〈記憶による二語文〉
意味は分からなくてもアニメなどのセリフを丸暗記し、話す子がいます。二語文どころか多語文を使う子もいます。例えはよくありませんが、理解していなくても外国の歌が歌えるのと同じかもしれません。

ただ、多語文を話す行為には、内容がどうあれ、どこかで他者に語りかけたいとの思いがあるようにも思います。
〈「二語文を聞きたい」という願い〉
単語ではなく、二語文を出させたいとの大人の思いには、他者への意識を強めたいという願いが込められています。実際に二語文が出てくると、子どもは取り巻く世界との交渉力が高まるのは確かです。

二語文は、単語に「〜ね」と相づちを求めるような終助詞をつける、「○○の□□」と所有格を示す、などから理解されだすことが多いようです。

指導のポイント

★まずは「聞かせていくこと」から始めましょう

人への意識が十分に育っていないと、二語文は出にくいといえます。まずは、子どもに二語文で語りかけることを大切にします。語りかけることで、いっしょに同じものなどを見つめる体験を積み重ねていきます。同じものなどを見つめることを「まなざしの共有」といいます。この共有こそが、二語文の発生には重要な役割を果たすと考えられます。

★単語はまねても、二語文の模倣ができない子

「くるま」など、好きなものの名前はまねるけれど単語しか言わない子がいます。こういう子の場合、「大きなクマ」「赤いりんご」などの二語文を聞かせても、なかなかまねようとはしないでしょう。試しに、以下のやり方で二語文を引き出してみてください。

●「くるま すき?」と聞き、子どもが「すき!」といったら、すぐに（即座にがポイントです）「何 すき?」と尋ねます。こうやって「くるま すき!」ということばを引き出します。
●同様に、以下のように話します。（ポイントは、質問の答えを先に示し、間髪を入れずに質問し、二語文を引き出すことです）
「りんご あるね」（「ある」）「なに ある?」
「パパ 大きいね」（「うん、大きい」）「だれ 大きい?」
「でんしゃ くるね」（「でんしゃ」）「なに くる?」など。

⑧ 社会性（感情のコントロール力：そっと）

やってみよう①
「そっと おこう」

やってみよう②
「そっと はこぼう」

やってみよう③
「そっと しまおう」

 ことばかけのポイント

●子どもに伝わるように、気持ちを込めて語りかけましょう。
●怒ったような、注意しているような大きな声は禁物です。

子どもの《発達の姿》

　動物が動かないのは、眠っているときだけだといいます。起きているときは、からだのどこかが動いているそうです。ところが人間は、座禅などもそうですが、意志の力で動きをとめることができます。

　人間の運動は、「動」の部分ばかりが目立ちます。しかし運動で重要なのは、「静の動作」だといいます。つまり、動と静がバランスよく組み合わされたときに、美しく合理的な動きが生み出されます。

　乱暴な子どもの動きは雑です。そういう子の多くは、じっとするといった静の動作が苦手です。そういう子に「おもちゃを片づけて」と頼むと、大きな音を立てても平気な顔で、おもちゃ箱の中に放り投げたりします。

　そういう場面でこそ、"この子は乱暴な子"と思うのではなく、「そっと」ということばを教えます。繰り返し教えることによって、自分の行動をコントロールする力を高めていきます。

指導のポイント

★「そっと」ができない子

　「そっと」といっても、その意味が分からない子がいます。こういう子には、「ふわっと」や「やさしく」「しずかに」「ゆっくり」など、同じような意味を持つ類似語を使ってみましょう。それらのことばのうちで、子どもがどれかを知っているかもしれません。

　例えば「ふわっと」ということばを聞いたときに、行動のコントロールが取れ、「そっと」の動きが見られたら、「ふわっと、そっとね」という具合に類似語を重ねて、「そっと」の意味を伝えます。

　「そっと」という動きができない子には、手を持つなどしてその動作を教えます。

⑨ 社会性（模倣・ルール：いっしょに①）

やってみよう①
「いっしょに あるこう」

やってみよう②
「いっしょに "いただきます"」

やってみよう③
「いっしょに あそぼう」

ことばかけのポイント

- 力強く言いましょう。そう言わないと、子どもに届きにくいようです。
- いっしょにできたら、「じょうずだね」とほめながら「いっしょだね」と言います。印象を強め、理解を促すためです。

子どもの《発達の姿》

子どもはあるときから、「いっしょにすわろ」「いっしょにたべよ」「いっしょにネンネ」ということばを使い出します。「いっしょに」のことばは、子どもに相手を意識させ、また相手に合わせられるようになることばといえます。

しかし、「いっしょに」することを身につけるのは、それほど簡単ではありません。「いっしょに」するためには、相手の行動をよく見て、自分の気持ちなどをコントロールしながら動きに合わせていかなくてはならないからです。

まだ自分をコントロールする力も見通す力も、弱い時期でもあります。いっしょにしたくても長続きはしません。ただいっしょに何かをしたいという気持ちが生まれ、それを目指そうとの意欲は、社会性の発達にとっては大切です。

「いっしょに」は、子どもが盛んに使っていたかと思うと、ある時期からあまり使わなくなります。その理由は、ひとつには「いっしょ」のよさ、楽しさが当たり前のこととして了解できたからだと思われます。つまり、あえて口に出すほどのことではなくなったともいえます。

指導のポイント

★いっしょにできない

「いっしょに」ができない場合ですが、いくつかの理由が考えられます。

a）からだの動かし方が分からない

ボディイメージが未熟な子です。運動などを通して、からだの動かし方を教えていきましょう。（参考図書：倉持親優著「うごきづくりのすすめ」かもがわ出版／刊）

b）初めや終わりのときが分からない

動くときにスタートをうまく切れない子には、始まりの際に介助するなどして、スタートを教えます。

また、次の動きが始まっているのに、それがまねられない子もいます。区切りや終わりが分かりにくい子です。その場合には、動きと動きの間に静止動作を入れる、ひとつひとつの動きに番号をつけていう、などで違いをはっきりさせた方がよいでしょう。

★「いっしょに」やり続けられない子

「いっしょに」を教える際に、もっとも効果的なのは「歩くこと」のようです。いっしょに横に並んで歩く、つまり先にも後にも出ないようにし、同じスピードで歩くように教えます。空間としては広々とした所ではなく、廊下などある程度狭く距離が短い場所から始めるとよいでしょう。それができたら、ハイキングや山登りもよい練習の機会となります。

「いっしょに歩く」のは、なかなか難しいのですが、これができるようになると「いっしょに座る」ことも可能になってきます。歩くことで人への意識が高まり、それがほかの動きをまねることにもつながっていくように思います。逆にいえば、「ほかの人といっしょに」ができない子は、いっしょに歩くことがうまくできません。

⑩ 社会性（思いやり：はんぶんこ①）

やってみよう①
「はんぶんこで たべよう」

やってみよう②
「はんぶんこで たべよう」

やってみよう③
「はんぶんこで すわろう」

10. やってみよう① 社会性（思いやり：はんぶんこ①） 1巻-28P
「はんぶんこで たべよう」

10. やってみよう② 社会性（思いやり：はんぶんこ①） 1巻-29P
「はんぶんこで たべよう」

10. やってみよう③ 社会性（思いやり：はんぶんこ①） 1巻-30P
「はんぶんこで すわろう」

ことばかけのポイント

- 力強く言わないと、子どもに届きにくいようです。
- 食べ物などは、本心ではあげたくない子が多く、断ち切るように「はんぶんこ」と言わないと「はんぶんこ」できないことが多いようです。語調など、言い方に注意します。
- 「はんぶんこ」ができたら、「えらいね」「たのしいね」などとほめながら分け合うことのうれしさを伝えるようにします。

子どもの《発達の姿》

「いっしょに」は、他者の存在や動きに気づかせてくれることばでした。

そして、他者を意識できるようになると、「はんぶんこしよう」というように、食べ物を分け与えるときなどの「はんぶんこ」が分かりだします。

すると、「はんぶんこで すわろ」と言いながら、自分の席や場所を分け合うことができるようになります。また、「はんぶんこで あそぼ」と言うと、おもちゃを交互に使える姿が見られだします。

あるお母さんから、自閉的なわが子は「はんぶんこ＝自分の物を取られる」と思っている、との話がありました。だからその子は、「はんぶんこ」というと嫌がるそうです。子どもの内面での葛藤が見えるようなお話でした。

指導のポイント

★「はんぶんこ」を嫌がる子

子どもは、本心ではあげたくないのでしょう。けれども群れを作り暮らす人間にとり、「はんぶんこ」の関係は必須のことです。分け合えなければ、人間は互いに助け合うことができず、当然ですが社会は成立しません。助け合いのスタートラインに立つことが、「はんぶんこ」の理解であり、表現なのでしょう。

しかし、子どもにすれば自分の物をあげるのは、「半分OK」「半分いや」の状態なのだと思います。そういう心理が、「あげる」ことが誇らしくなるまで続きます。

子どもの「あげたくない」気持ちは当然のことと理解し、「はんぶんこ、できた、えらいね」といって、子どもの決断を後押しする役目が、大人にはあります。

★「はんぶんこ」に関係なく、取られても平気な子

子どもが手に持っている物を、「○○ちょうだい」と言ってみます。ためらいなく渡す子の場合、「自分の物」という意識が希薄なのかもしれません。まずは子どもに「自分の物」という意識を持ってもらう必要があります。例えばシールをはって、自分の物という意識をはぐくみます。食事も大皿ではなく、自分の皿に盛ってやった方がよいでしょう。「自分の分」への理解を促すためです。

日常的に「〜ちゃんの靴、帽子、椅子、タオル」など、子どもの所有物であることを強調して話します。

また、「〜ちゃんの靴、持ってきて」というように声かけをし、理解の度合いを確かめます。「あげる」という行為には、自分の物という意識が必要です。葛藤を乗り越えるからこそ誇らしさが生まれるといえます。そのための土台作りを目指します。

⑪ 文字（模写：線を引く①）

かいてみよう①
「このなかで かこう」

かいてみよう②
「まっすぐ まっすぐ」

かいてみよう③
「ピタッと とめるよ」
「おわりで とめるよ」

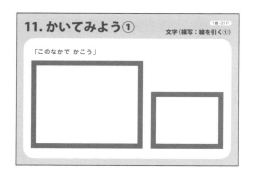

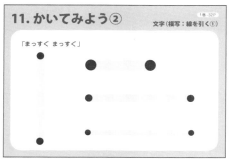

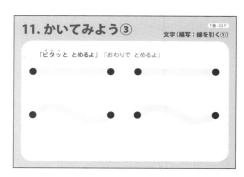

ことばかけのポイント

●書くことを促すときには、「てんてんてん」「ぐるぐる」「すーっと」など擬音を使います。この方が子どもの意欲を高めます。

●書くのを止める際には、電車が到着するようなイメージを持って、「とうちゃーく」と語りかけるのも有効です。ただ書くだけではなく、物語のようにしてイメージをふくらませましょう。

子どもの《発達の姿》

書くのに必要な要素は、大きく3つに分けることができます。

a) 書きたいという気持ち

子どもは、落書きが好きです。線を書くと、自分の行為が目に見える形で残ります。生まれて初めて子どもが残した作品ともいえます。

「なぐり書き」でも、ときに大きく大きく、ときに小さく小さくなど、意図的に書いているような姿が見られだします。

b) 手指の力

書くには、筆記用具が必要です。その道具を扱えなくてはいけません。握る、持つという力が必要です。

c) はみださない（一定の範囲に書くことと終始の点）

紙からはみ出す時期から、上手になってきて、一定の範囲の中に書き込めるようになります。これは手指のコントロール力がついてきた証拠です。1本の線を引く際に大切なのは始まりの点ではなく、「終点」こそが重要です。意図的に「ピタッと止めて」終わるようになった頃、子どもは行動には初めと終わりがあることを理解しだします。テーブル拭きでも、ある点でピタッとふきんを止めて、繰り返し拭けるようになります。

指導のポイント

★線を見ない子

線を太くする、好きな色で描くなど、線そのものを目立つようにします。また、粘土の表面に線を引かせるなど、手に抵抗がある素材を紙のかわりに使うと、興味が向きやすくなります。線に興味を持つようになるまで、時間がかかる場合もありますので、長い目で見ていくようにしたいものです。

★筆記具を持てない子

筆記具を持つことですが、スプーンやフォーク、遊び始めの頃に使うおもちゃなどを手に持ち、動かす体験が重要です。そういう体験の積み重ねによって、筆記具を持ち続け、また上手に動かせるようになります。

★線が弱い子、強すぎる子

線を書くことは運動であり、ひとつの技術です。上手に線を書くためには、繰り返しの練習が必要です。

初めは、線が薄くてよく見えなかったり、あるいは力が入りすぎて濃くなったりする子もいます。筆記具や紙の材質にも配慮が必要なこともあります。

書き始めた頃の子どもにとって、書くという作業は、大人が思う以上に難しいことなのでしょう。

⑫ ことば（用途・抽象語：用途①）

どれかな？①
「のむものは どれ？」
「すわるものは どれ？」

どれかな？②
「たべるものは どれ？」
「きるものは どれ？」
「じを かくものは どれ？」

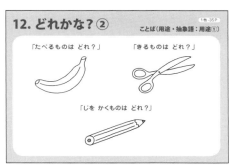

どれかな？③
「はを みがくものは どれ？」
「かおを ふくものは どれ？」
「じを かくものは どれ？」
「きるものは どれ？」

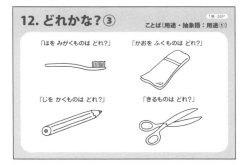

ことばかけのポイント

● 「のむもの」では分かりにくい場合、「のむ どれ？」と省略して聞きます。
●ことばだけでは分かりにくいときは、例えば、飲む動作を示しながら聞きます。
●絵では分かりにくい場合には、実物で質問しましょう。

子どもの《発達の姿》

　ことばの発達は、擬音語の「ぶーぶー」から始まり、次に「くるま」、そして「自動車」へと進みます。自動車の段階になると、子どもは「くるま」も「自動車」も同じものということが分かってくるようです。

　このように、ひとつのものに複数の名前があることを理解しだす頃から、例えば、色や大きさなど、ものの別の側面にも注目しだします。そこで、「赤いくるまは どれ？」「大きいくるまは どっち？」という質問にも答えられるようになります。

　さらに、色や大小などに続き、「乗る」という動詞とともに、自動車も電車もバスも同じ「乗る物」ということが分かってきます。つまり、用途による、ものの分類ができるようになるといえます。

　用途による分類ができてから、自転車や電車、バスは実在するけれども、例えば「乗り物」のように、実在しないことばである分類語（抽象語）が理解されてきます。「乗る物」は、抽象語が分かる前の助走段階のことばともいえます。

指導のポイント

★用途のことばが分からない

　ひとつのものなのに、複数の名前を持つことがあり、また色や大小という違う視点からとらえることなどが基礎的な力として必要です。

　その力が育っていれば、"のむ"のください」「"ふく"のちょうだい」というように、名詞ではなく用途を示すことばを使い、ものを選ばせるようにします。

心理学とセラピーから生まれた　発達促進ドリル　10巻　内容一覧

※内容は、一部変更される場合があります。ご了承ください。

分類	大項目	項目	1巻	2巻	3巻	4巻	5巻	6巻	7巻	8巻	9巻	10巻
A.ことば		擬音語	擬音語①指さし	擬音語②								
	用途・抽象語	物の名前	物の名前①指さし	物の名前②	物の名前③	物の名前④	物の名前⑤(2切片)	物の名前⑥(3・4切片)		物の名前⑦(5切片)	物の名前⑧(複数)	
		用途		用途①	用途②							
		抽象語				抽象語①			抽象語②			
		物の属性					物の属性①		物の属性②		物の属性②	
		からだの部位	からだの部位①②				からだの部位③				からだの部位④	
	異同弁別(ほか)		おなじ				ちがう①②	間違い探し①	間違い探し②	探し物	探し物／欠所探し	
		疑問詞		何	だれ	どこ	いつ	どうやって	なぜ、どうして① （何をした？①） （何のお仕事？①）	なぜ、どうして② （何をした？②） （何のお仕事？②）	なぜ、どうして③ （明日は何をする？）	なぜ、どうして④
		助詞			助詞①②	助詞	助詞③					
	(表現など)					確認・報告	(表現①)	(様子の表現②)	叙述・説明① （理由の表現③） 振り返り①	叙述・説明② （理由の表現④） 振り返り②	叙述・説明③ （理由の表現⑤）	叙述・説明③ （理由の表現⑥）
		文作り	二語文理解①	二語文理解②			文の記憶①	文の記憶②		文の記憶②	文の記憶③	文の記憶③
	※短期記憶			2つ								
		自他の分離			自他の分離①		自他の分離②	自他の分離	得意なこと	苦手なこと	上手になりたいこと	
B.文字	形の見分け・文字	模写	線を引く①			線を引く②						
		形の見分け		形の見分け①	形の見分け	形の見分け②	形の記憶		文字を読む①	文字を読む②	文字を読む①②	文字を読む①②
		字を書く							字を書く			字を書く
		空間把握			上下①②	そば	前後	前後				
C.数		数字					数字	数字(レジスターなど)	数字①	数字②		
		比較	大小比較①	大小②	大小③			高低／長短	多少①	多少②		
		数唱					数唱(5まで)			数唱(10まで)		
		集合数					集合数①		集合数②	集合数②	集合数③	集合数
		順位数(序数)					順位数①	順位数①	順位数①	順位数②	順位数②	順位数②
		合成と分解					合成と分解①			合成と分解②③		合成と分解②③
D.社会性		模倣・ルール	いっしょに①	いっしょに②		順番・ルール①②			順番と待つ態度			
		思いやり	はんぶんこ①	はんぶんこ②		あげる→もらう①	あげる→もらう②					
		生活		口を拭く、手を洗う、顔を洗う	歯磨き		排泄	洗顔				
		役割を果たす			~して、~やって	~の仕事①			~の仕事②	~の仕事③		一般知識
		感情のコントロール力	そっと	大事・大切				［かして］と言う	わざとじゃない	~かもしれない	怒った声を出さない	道徳①②
問題数			12	12	12	12	12	12	12	12	12	12

※参考文献等は、10巻目で紹介します。

ことば(擬音語① 指さし)

「ぶーぶー」 どれ?

「わんわん」 どれ?

1. みて さがそう②

ことば(擬音語① 指さし)

「ぶーぶー」どれ?

「にゃーにゃー」どれ?

「ごっくん」どれ?

「ぶーぶー」どれ?

「ごとんごとん」どれ?

「ごっくん」どれ?

「ぱちゃぱちゃ」どれ?

「まねっこしてね」　♪ ちょち ちょち あわわ ♪

ちょち　ちょち

アワワ

かいぐりかいぐり

とっとのめ

おつむテンテン

ばんざーい

※手遊びには、いろいろなバリエーションがあります。

「まねっこしてね」　♪ひげじいさん♪

 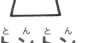   

トントン　トントン　　ひげじいさん

トントン　トントン　　こぶじいさん

トントン　トントン　　てんぐさん

トントン　トントン　　ぞうのみみ

キラキラ　キラキラ　　てはおひざ

※手遊びには、いろいろな
バリエーションがあります。

「まねっこしてね」　♪ あたま かた ひざ ポン ♪

あたま　　かた　　ひざ　　ポン　　　　　　ひざ　　ポン　　ひざ　　ポン

あたま　　かた　　ひざ　　ポン　　　　　　め　　みみ　　はな　　くち

※手遊びには、いろいろなバリエーションがあります。

3. どれかな？①

ことば（物の名前①）

「ひこうき」どれ?

「いぬ」どれ?

3. どれかな？②

ことば（物の名前①）

「ひこうき」どれ?

「くるま」どれ?

「ボール」どれ?

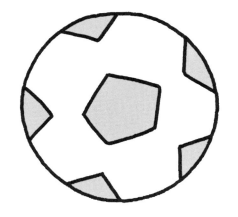

3. どれかな？③

「ひこうき」どれ？

「いす」どれ？

「ボール」どれ？

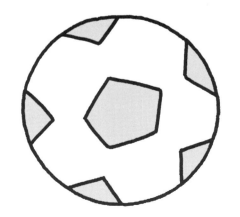

「りんご」どれ？

「はな」どこ？
「め」どこ？

4. どこかな？②

「あたま」 どこ？

「くち」 どこ？

「あたま」 どこ？

「あし」 どこ？

「て」 どこ？

「おなじの どれ？」

「おなじの どれ？」

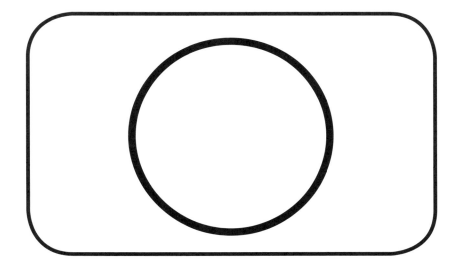

「おなじの どれ？」

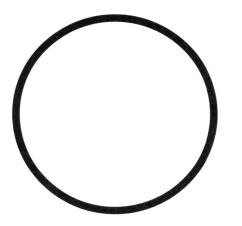

「おとうさんの くつ、〜ちゃんの くつ

おおきいの どっち？」

「おかあさんの て、〜ちゃんの て
ちいさいの どっち？」

「おさら、おおきいのは どっち？」

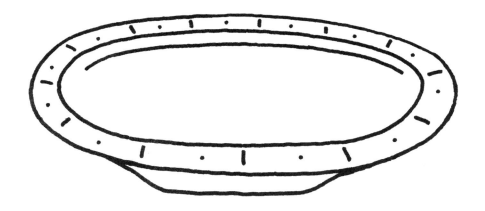 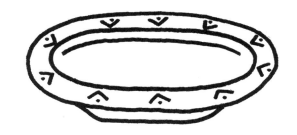

「まる、ちいさいのは どっち？」

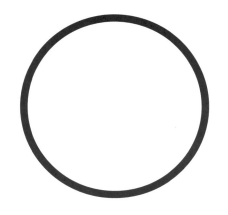 

7. お話、聞かせましょう① ことば（文作り：二語文理解①）

「コップね」

「ボールね」

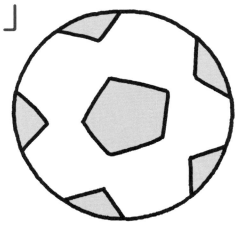

「くるまね」

「でんしゃ くるね」

7. お話、聞かせましょう③ ことば(文作り：二語文理解①)

「りんご たべるね」

8. やってみよう①　社会性（感情のコントロール力：そっと）

「そっと おこう」

8. やってみよう②　社会性（感情のコントロール力：そっと）

「そっと はこぼう」

8. やってみよう③ 社会性（感情のコントロール力：そっと）

「そっと しまおう」

「いっしょに あるこう」

9. やってみよう②　社会性（模倣・ルール：いっしょに①）

「いっしょに "いただきます"」

9. やってみよう③
社会性（模倣・ルール：いっしょに①）

「いっしょに あそぼう」

社会性（思いやり：はんぶんこ①）

「はんぶんこで たべよう」

10. やってみよう②

社会性（思いやり：はんぶんこ①）

「はんぶんこで たべよう」

社会性（思いやり：はんぶんこ①）

「はんぶんこで すわろう」

「このなかで かこう」

文字（模写：線を引く①）

「まっすぐ　まっすぐ」

11. かいてみよう③

文字（模写：線を引く①）

「ピタッと とめるよ」 「おわりで とめるよ」

ことば（用途・抽象語：用途 ①）

「のむものは どれ？」　　　「すわるものは どれ？」

ことば（用途・抽象語：用途①）

「たべるものは　どれ？」

「きるものは　どれ？」

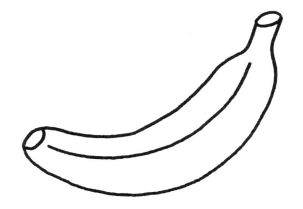

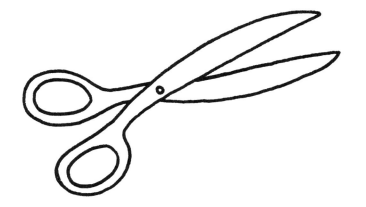

「じを　かくものは　どれ？」

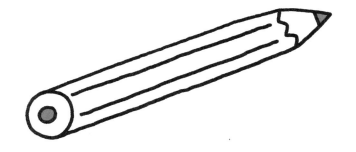

12. どれかな？③

「はを みがくものは どれ?」

「かおを ふくものは どれ?」

「じを かくものは どれ?」

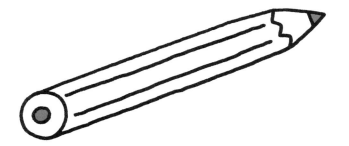

「きるものは どれ?」

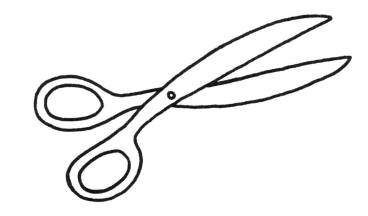